FOREWORD

The collection of "Everything Will Be Okay" travel phrasebooks published by T&P Books is designed for people traveling abroad for tourism and business. The phrasebooks contain what matters most - the essentials for basic communication. This is an indispensable set of phrases to "survive" while abroad.

This phrasebook will help you in most cases where you need to ask something, get directions, find out how much something costs, etc. It can also resolve difficult communication situations where gestures just won't help.

This book contains a lot of phrases that have been grouped according to the most relevant topics. You'll also find a mini dictionary with useful words - numbers, time, calendar, colors...

Take "Everything Will Be Okay" phrasebook with you on the road and you'll have an irreplaceable traveling companion who will help you find your way out of any situation and teach you to not fear speaking with foreigners.

TABLE OF CONTENTS

Pronunciation	5
List of abbreviations	6
English-Kyrgyz phrasebook	7
Mini Dictionary	73

T&P Books Publishing

Travel phrasebooks collection
«Everything Will Be Okay!»

T&P Books Publishing

PHRASEBOOK
— KYRGYZ —

THE MOST IMPORTANT PHRASES

This phrasebook contains
the most important
phrases and questions
for basic communication
Everything you need
to survive overseas

By Andrey Taranov

Phrasebook + 250-word dictionary

English-Kyrgyz phrasebook & mini dictionary
By Andrey Taranov

The collection of "Everything Will Be Okay" travel phrasebooks published by T&P Books is designed for people traveling abroad for tourism and business. The phrasebooks contain what matters most - the essentials for basic communication. This is an indispensable set of phrases to "survive" while abroad.

You'll also find a mini dictionary with 250 useful words required for everyday communication - the names of months and days of the week, measurements, family members, and more.

Copyright © 2018 T&P Books Publishing

All rights reserved. No part of this book may be reproduced or utilized in any form or by any means, electronic or mechanical, including photocopying, recording or by information storage and retrieval system, without permission in writing from the publishers.

T&P Books Publishing
www.tpbooks.com

ISBN: 978-1-78767-147-8

This book is also available in E-book formats.
Please visit www.tpbooks.com or the major online bookstores.

PRONUNCIATION

T&P phonetic alphabet	Kyrgyz example	English example
[a]	манжа [mandʒa]	shorter than in ask
[e]	келечек [keletʃek]	elm, medal
[i]	жигит [dʒigit]	shorter than in feet
[ɪ]	кубаныч [kubanıtʃ]	big, America
[o]	мактоо [maktoo]	pod, John
[u]	узундук [uzunduk]	book
[ʉ]	алюминий [alʉminij]	youth, usually
[y]	түнкү [tynky]	fuel, tuna
[b]	ашкабак [aʃkabak]	baby, book
[d]	адам [adam]	day, doctor
[dʒ]	жыгач [dʒıgatʃ]	joke, general
[f]	флейта [flejta]	face, food
[g]	тегерек [tegerek]	game, gold
[j]	бөйрөк [bøjrøk]	yes, New York
[k]	карапа [karapa]	clock, kiss
[l]	алтын [altın]	lace, people
[m]	бешмант [beʃmant]	magic, milk
[n]	найза [najza]	name, normal
[ŋ]	булуң [buluŋ]	ring
[p]	пайдубал [pajdubal]	pencil, private
[r]	рахмат [raχmat]	rice, radio
[s]	сагызган [sagızgan]	city, boss
[ʃ]	бурулуш [buruluʃ]	machine, shark
[t]	түтүн [tytyn]	tourist, trip
[x]	пахтадан [paχtadan]	hot, hobby
[ts]	шприц [ʃprits]	cats, tsetse fly
[tʃ]	биринчи [birintʃi]	church, French
[v]	квартал [kvartal]	very, river
[z]	казуу [kazuu]	zebra, please
[ʲ]	руль, актёр [rulʲ, aktʲor]	palatalization sign

LIST OF ABBREVIATIONS

English abbreviations

ab.	-	about
adj	-	adjective
adv	-	adverb
anim.	-	animate
as adj	-	attributive noun used as adjective
e.g.	-	for example
etc.	-	et cetera
fam.	-	familiar
fem.	-	feminine
form.	-	formal
inanim.	-	inanimate
masc.	-	masculine
math	-	mathematics
mil.	-	military
n	-	noun
pl	-	plural
pron.	-	pronoun
sb	-	somebody
sing.	-	singular
sth	-	something
v aux	-	auxiliary verb
vi	-	intransitive verb
vi, vt	-	intransitive, transitive verb
vt	-	transitive verb

KYRGYZ PHRASEBOOK

This section contains important phrases that may come in handy in various real-life situations.
The phrasebook will help you ask for directions, clarify a price, buy tickets, and order food at a restaurant

T&P Books Publishing

PHRASEBOOK CONTENTS

The bare minimum	10
Questions	13
Needs	14
Asking for directions	16
Signs	18
Transportation. General phrases	20
Buying tickets	22
Bus	24
Train	26
On the train. Dialogue (No ticket)	28
Taxi	30
Hotel	32
Restaurant	35
Shopping	37
In town	39
Money	41

Time	43
Greetings. Introductions	45
Farewells	47
Foreign language	49
Apologies	50
Agreement	51
Refusal. Expressing doubt	52
Expressing gratitude	54
Congratulations. Best wishes	55
Socializing	56
Sharing impressions. Emotions	59
Problems. Accidents	61
Health problems	64
At the pharmacy	67
The bare minimum	69

T&P Books Publishing

The bare minimum

Excuse me, ...	**Кечиресиз, ...** ketʃiresiz, ...
Hello.	**Саламатсызбы.** salamatsızbı.
Thank you.	**Рахмат.** raχmat.
Good bye.	**Көрүшкөнчө.** køryʃkøntʃø.
Yes.	**Ооба.** ooba.
No.	**Жок.** dʒok.
I don't know.	**Мен билбейм.** men bilbejm.
Where? | Where to? | When?	**Каякта? | Каякка? | Качан?** kajakta? | kajakka? | katʃan?

I need ...	**Мага ... керек эле.** maga ... kerek ele.
I want ...	**Мен ... гым келет.** men ... gım kelet.
Do you have ...?	**Силерде ... барбы?** silerde ... barbı?
Is there a ... here?	**Бул жерде ... барбы?** bul dʒerde ... barbı?
May I ...?	**Мага ... болобу?** maga ... bolobu?
..., please (polite request)	**Сураныч** suranıtʃ

I'm looking for ...	**Мен ... издеп жаттым эле.** men ... izdep dʒattım ele.
the restroom	**дааратканa** daaratkana
an ATM	**банкомат** bankomat
a pharmacy (drugstore)	**дарыкана** darıkana
a hospital	**ооруканa** oorukana
the police station	**милиция бөлүмү** militsija bølymy
the subway	**метро** metro

a taxi	такси taksi
the train station	вокзал vokzal

My name is ...	Менин атым ... menin atım ...
What's your name?	Сиздин атыңыз ким? sizdin atıŋız kim?
Could you please help me?	Мага жардам берип коюңузчу. maga dʒardam berip kodʒʉŋuztʃu.
I've got a problem.	Менде көйгөй чыкты. mende køygøj tʃıktı.
I don't feel well.	Мен өзүмдү жаман сезип жатам. men øzymdy dʒaman sezip dʒatam.
Call an ambulance!	Тез жардамды чакырып коюңузчу! tez dʒardamdı tʃakırıp kodʒʉŋuztʃu!
May I make a call?	Телефон чалып алсам болобу? telefon tʃalıp alsam bolobu?

I'm sorry.	Кечирип коюңуз ketʃirip kojʉŋuz
You're welcome.	Эчтеке эмес etʃteke emes

I, me	мен men
you (inform.)	сен sen
he	ал al
she	ал al
they (masc.)	алар alar
they (fem.)	алар alar
we	биз biz
you (pl)	сиз siz
you (sg, form.)	Сиз siz

ENTRANCE	КИРҮҮ kiryy
EXIT	ЧЫГУУ tʃıguu
OUT OF ORDER	ИШТЕБЕЙТ iʃtebejt
CLOSED	ЖАБЫК dʒabık

OPEN	**АЧЫК** atʃık
FOR WOMEN	**АЙЫМДАР ҮЧҮН** ajımdar ytʃyn
FOR MEN	**ЭРКЕКТЕР ҮЧҮН** erkekter ytʃyn

Questions

Where?	**Каякта?**
	kajakta?
Where to?	**Кайда?**
	kajda?
Where from?	**Каяктан?**
	kajaktan?
Why?	**Эмне үчүн?**
	emne ytʃyn?
For what reason?	**Эмнеге?**
	emnege?
When?	**Качан?**
	katʃan?

How long?	**Канчага?**
	kantʃaga?
At what time?	**Саат канчада?**
	saat kantʃada?
How much?	**Канча турат?**
	kantʃa turat?
Do you have …?	**Силерде … барбы?**
	silerde … barbı?
Where is …?	**… каякта жайгашкан?**
	… kajakta dʒajgaʃkan?

What time is it?	**Саат канча болду?**
	saat kantʃa boldu?
May I make a call?	**Телефон чалып алсам болобу?**
	telefon tʃalıp alsam bolobu?
Who's there?	**Ким бул?**
	kim bul?
Can I smoke here?	**Бул жерде тамеки чексем болобу?**
	bul dʒerde tameki tʃeksem bolobu?
May I …?	**Мага … болобу?**
	maga … bolobu?

Needs

I'd like ...	Мен ... дедим эле.
	men ... dedim ele.
I don't want ...	Мен ... келген жок.
	men ... kelgen dʒok.
I'm thirsty.	Мен ичким келет.
	men itʃkim kelet.
I want to sleep.	Мен уйкум келет.
	men ujkum kelet.

I want ...	Мен ...
	men ...
to wash up	жуунуп алайын дедим эле
	dʒuunup alajın dedim ele
to brush my teeth	тишимди тазалап алайын дедим эле
	tiʃimdi tazalap alajın dedim ele
to rest a while	бир аз эс алгым келип жатат
	bir az es algım kelip dʒatat
to change my clothes	кийимимди которуп алайын дедим эле
	kijimimdi kotorup alajın dedim ele
to go back to the hotel	мейманканага кайра кетким келет
	mejmankanaga kajra ketkim kelet
to buy ...	... сатып алгым келет
	... satıp algım kelet
to go to ...	... барып келгим келет
	... barıp kelgim kelet
to visit ...	... көрүп келсемби дейм
	... kørjp kelsembi dejm
to meet with ...	... менен жолугайын дейм
	... menen dʒolugajın dejm
to make a call	чалайын дейм
	tʃalajın dejm

I'm tired.	Мен чарчадым.
	men tʃartʃadım.
We are tired.	Биз чарчадык.
	biz tʃartʃadık.
I'm cold.	Мен үшүп кеттим.
	men yʃyp kettim.
I'm hot.	Мен ысып кеттим.
	men ısıp kettim.
I'm OK.	Баары жакшы.
	baarı dʒakʃı.

I need to make a call.	**Мен чалышым керек.** men tʃalıʃım kerek.
I need to go to the restroom.	**Мен даараткaнага барышым керек.** men daaratkanaga barıʃım kerek.
I have to go.	**Мен кетишим керек.** men ketiʃim kerek.
I have to go now.	**Мен азыр кетишим керек.** men azır ketiʃim kerek.

Asking for directions

Excuse me, ...	**Кечиресиз, ...** ketʃiresiz, ...
Where is ...?	**... каякта жайгашкан?** ... kajakta dʒajgaʃkan?
Which way is ...?	**... кайсы жакта жайгашканын билбейсизби?** ... kajsı dʒakta dʒajgaʃkanın bilbejsizbi?
Could you help me, please?	**Мага жардам берип коюңузчу.** maga dʒardam berip kodʒuŋuztʃu.
I'm looking for ...	**Мен ... издеп жаттым эле.** men ... izdep dʒattım ele.
I'm looking for the exit.	**Каяктан чыксам болот?** kajaktan tʃıksam bolot?
I'm going to ...	**Мен ... кетип баратам.** men ... ketip baratam.
Am I going the right way to ...?	**... жакка туура баратамбы?** ... dʒakka tuura baratambı?
Is it far?	**Бул жерден алыспы?** bul dʒerden alıspı?
Can I get there on foot?	**Мен ал жакка жөө жете аламбы?** men al dʒakka dʒøø dʒete alambı?
Can you show me on the map?	**Ал жакты картадан көрсөтүп бериңизчи.** al dʒaktı kartadan kørsøtyp beriŋiztʃi.
Show me where we are right now.	**Биз азыр кайсы жерде турабыз, көрсөтүп бериңизчи.** biz azır kajsı dʒerde turabız, kørsøtyp beriŋiztʃi.
Here	**Бул жерде** bul dʒerde
There	**Тээтиги жерде** teetigi dʒerde
This way	**Бул жак менен** bul dʒak menen
Turn right.	**Азыр оңго.** azır oŋgo.
Turn left.	**Азыр солго.** azır solgo.

first (second, third) turn	**биринчи (экинчи, үчүнчү) бурулуш** birintʃi (ekintʃi, ytʃyntʃy) buruluʃ
to the right	**оңго** oŋgo
to the left	**солго** solgo
Go straight ahead.	**Түз барыңыз.** tyz barıŋız.

Signs

WELCOME!	**КОШ КЕЛИҢИЗДЕР!** koʃ keliŋizder!
ENTRANCE	**КИРҮҮ** kiryy
EXIT	**ЧЫГУУ** tʃıguu
PUSH	**ТҮРТҮҢҮЗ** tyrtyŋyz
PULL	**ТАРТЫҢЫЗ** tartıŋız
OPEN	**АЧЫК** atʃık
CLOSED	**ЖАБЫК** dʒabık
FOR WOMEN	**АЙЫМДАР ҮЧҮН** ajımdar ytʃyn
FOR MEN	**ЭРКЕКТЕР ҮЧҮН** erkekter ytʃyn
GENTLEMEN, GENTS	**ЭРКЕКТЕР ДААРАТКАНАСЫ** erkekter daaratkanası
WOMEN	**АЙЫМДАР ДААРАТКАНАСЫ** ajımdar daaratkanası
DISCOUNTS	**АРЗАНДАТУУЛАР** arzandatuular
SALE	**САТЫП ТҮГӨТҮҮ** satıp tygøtyy
FREE	**БЕКЕР** beker
NEW!	**СААМАЛЫК!** saamalık!
ATTENTION!	**КӨҢҮЛ БУРУҢУЗ!** køŋyl buruŋuz!
NO VACANCIES	**ОРУН ЖОК** orun dʒok
RESERVED	**КАМДЫК БУЙРУТМАЛАГАН** kamdık bujrutmalagan
ADMINISTRATION	**АДМИНИСТРАЦИЯ** administratsija
STAFF ONLY	**ЖААМАТ ҮЧҮН ГАНА** dʒaamat ytʃyn gana

BEWARE OF THE DOG!	**КАБАНААК ИТ** kabanaak it
NO SMOKING!	**ТАМЕКИ ЧЕГҮҮГӨ БОЛБОЙТ!** tameki tʃegyygø bolbojt!
DO NOT TOUCH!	**КОЛУҢАР МЕНЕН КАРМАБАГЫЛА!** koluŋar menen karmabagıla!
DANGEROUS	**КОРКУНУЧ БАР** korkunutʃ bar
DANGER	**КОРКУНУЧТУУ** korkunutʃtuu
HIGH VOLTAGE	**ЖОГОРКУ ЧЫҢАЛУУ** dʒogorku tʃıŋaluu
NO SWIMMING!	**СУУГА ТҮШҮҮГӨ БОЛБОЙТ** suuga tyʃyygø bolbojt
OUT OF ORDER	**ИШТЕБЕЙТ** iʃtebejt
FLAMMABLE	**ӨРТ ЧЫГУУ КОРКУНУЧУ** ørt tʃıguu korkunutʃu
FORBIDDEN	**БОЛБОЙТ** bolbojt
NO TRESPASSING!	**ӨТҮҮГӨ БОЛБОЙТ** øtyygø bolbojt
WET PAINT	**СЫРДАЛГАН** sırdalgan
CLOSED FOR RENOVATIONS	**ОҢДОО ИШТЕРИ ҮЧҮН ЖАБЫК** oŋdoo iʃteri ytʃyn dʒabık
WORKS AHEAD	**ЖОЛ ОҢДОО ИШТЕРИ** dʒol oŋdoo iʃteri
DETOUR	**АЙЛАНЫП ӨТМӨ ЖОЛ** ajlanıp øtmø dʒol

Transportation. General phrases

plane	самолёт samolʲot
train	поезд poezd
bus	автобус avtobus
ferry	паром parom
taxi	такси taksi
car	машина maʃina
schedule	ырааттама ıraattama
Where can I see the schedule?	Ырааттаманы кайсыл жерден көрсөм болот? iraattamanı kajsıl dʒerden kørsøm bolot?
workdays (weekdays)	иш күндөрү iʃ kyndøry
weekends	эс алуу күндөрү es aluu kyndøry
holidays	майрам күндөрү majram kyndøry
DEPARTURE	ЖӨНӨӨ dʒønøø
ARRIVAL	КЕЛҮҮ kelyy
DELAYED	КАРМАЛУУ karmaluu
CANCELLED	ЖОККО ЧЫГАРЫЛГАН dʒokko tʃıgarilgan
next (train, etc.)	кийинки kijinki
first	биринчи birintʃi
last	акыркы akırkı

When is the next ...?	**Кийинки ... качан келет?** kijinki ... katʃan kelet?
When is the first ...?	**Биринчи ... качан кетет?** birintʃi ... katʃan ketet?
When is the last ...?	**Акыркы ... качан кетет?** akırkı ... katʃan ketet?

transfer (change of trains, etc.)	**which типшуу** kotorulup tyʃyy
to make a transfer	**которулуп түшүү** kotorulup tyʃyy
Do I need to make a transfer?	**Которулуп түшүшүм керекпи?** kotorulup tyʃyʃym kerekpi?

Buying tickets

Where can I buy tickets?	Билетти каяктан сатып алсам болот. biletti kajaktan satıp alsam bolot.
ticket	билет bilet
to buy a ticket	билетти сатып алуу biletti satıp aluu
ticket price	билеттин баасы bilettin baası
Where to?	Кайда? kajda?
To what station?	Кайсы станцияга чейин? kajsı stantsijaga tʃejin?
I need ...	Мага ... керек. maga ... kerek.
one ticket	бир билет bir bilet
two tickets	эки билет eki bilet
three tickets	үч билет ytʃ bilet
one-way	бир тарапка bir tarapka
round-trip	барып келүү barıp kelyy
first class	биринчи класс birintʃi klass
second class	экинчи класс ekintʃi klass
today	бүгүн bygyn
tomorrow	эртең erteŋ
the day after tomorrow	бүрсүгүнү byrsygyny
in the morning	эртең менен erteŋ menen
in the afternoon	күндүз kyndyz
in the evening	кечинде ketʃinde

aisle seat	**кире бериш жактагы орун** kire beriʃ dʒaktagı orun
window seat	**терезе жанындагы орун** tereze dʒanındagı orun
How much?	**Канча турат?** kantʃa turat?
Can I pay by credit card?	**Карточка менен төлөсөм болобу?** kartotʃka menen tøløsøm bolobu?

Bus

bus	**автобус** avtobus
intercity bus	**шаар аралык автобус** ʃaar aralık avtobus
bus stop	**автобус аялдамасы** avtobus ajaldaması
Where's the nearest bus stop?	**Жакын арада автобустун аялдамасы барбы?** dʒakın arada avtobustun ajaldaması barbı?
number (bus ~, etc.)	**номер** nomer
Which bus do I take to get to …?	**Кайсы автобус … чейин барат?** kajsı avtobus … tʃejin barat?
Does this bus go to …?	**Бул автобус … чейин барабы?** bul avtobus … tʃejin barabı?
How frequent are the buses?	**Автобустар канчалык тез жүрүп турат?** avtobustar kantʃalık tez dʒyryp turat?
every 15 minutes	**он беш мүнөт сайын** on beʃ mynøt sajın
every half hour	**ар жарым саат сайын** ar dʒarım saat sajın
every hour	**ар бир саатта** ar bir saatta
several times a day	**бир күндө бир нече жолу** bir kyndø bir netʃe dʒolu
… times a day	**бир күндө … жолу** bir kyndø … dʒolu
schedule	**ыраattама** ıraattama
Where can I see the schedule?	**Ыраattаманы кайсыл жерден көрсөм болот?** iraattamanı kajsıl dʒerden kørsøm bolot?
When is the next bus?	**Кийинки автобус качан келет?** kijinki avtobus katʃan kelet?
When is the first bus?	**Биринчи автобус качан кетет?** birintʃi avtobus katʃan ketet?
When is the last bus?	**Акыркы автобус качан кетет?** akırkı avtobus katʃan ketet?

stop	**аялдама** ajaldama
next stop	**кийинки аялдама** kijinki ajaldama
last stop (terminus)	**акыркы аялдама** akırkı ajaldama
Stop here, please.	**Ушул жерден токтотуп койсоңуз.** uʃul dʒerden toktotup kojsoŋuz.
Excuse me, this is my stop.	**Бул аялдамадан токтотуп коёсузбу?** bul ajaldamadan toktotup kojosuzbu?

Train

train	**поезд** poezd
suburban train	**шаардан тышкары барчу поезд** ʃaardan tıʃkarı bartʃu poezd
long-distance train	**алыс аралыкка жүрүүчү поезд** alıs aralıkka dʒyryytʃy poezd
train station	**вокзал** vokzal
Excuse me, where is the exit to the platform?	**Кечиресиз, поезддер жакка кантип барсам болот?** ketʃiresiz, poezdder dʒakka kantip barsam bolot?

Does this train go to ...?	**Бул поезд ... чейин барабы?** bul poezd ... tʃejin barabı?
next train	**кийинки поезд** kijinki poezd
When is the next train?	**Кийинки поезд качан келет?** kijinki poezd katʃan kelet?
Where can I see the schedule?	**Ырааттаманы кайсыл жерден көрсөм болот?** iraattamanı kajsıl dʒerden kørsøm bolot?
From which platform?	**Кайсы платформадан?** kajsı platformadan?
When does the train arrive in ...?	**Поезд ... качан келет?** poezd ... katʃan kelet?

Please help me.	**Мага жардам берип коюңузчу.** maga dʒardam berip kodʒuŋuztʃu.

I'm looking for my seat.	**Мен өз ордумду издеп жаттым эле.** men øz ordumdu izdep dʒattım ele.
We're looking for our seats.	**Биз өз ордубузду издеп жатабыз.** biz øz ordubuzdu izdep dʒatabız.
My seat is taken.	**Менин ордум бош эмес.** menin ordum boʃ emes.
Our seats are taken.	**Биздин орундарыбыз бош эмес.** bizdin orundarıbız boʃ emes.
I'm sorry but this is my seat.	**Кечиресиз, бирок бул менин орунум.** ketʃiresiz, birok bul menin orunum.

Is this seat taken?	**Бул орун бошпу?** bul orun boʃpu?
May I sit here?	**Мен бул жерге отурсам болобу?** men bul dʒerge otursam bolobu?

On the train. Dialogue (No ticket)

Ticket, please.	**Билетиңизди көрсөтүп коюңузчу.** biletiŋizdi kørsøtyp kojuŋuztʃu.
I don't have a ticket.	**Менин билетим жок.** menin biletim dʒok.
I lost my ticket.	**Мен билетимди жоготуп алдым.** men biletimdi dʒogotup aldım.
I forgot my ticket at home.	**Мен билетимди үйгө унутуп коюптурмун.** men biletimdi yjgø unutup kojupturmun.

You can buy a ticket from me.	**Сиз билетти менден сатып алсаңыз болот.** siz biletti menden satıp alsaŋız bolot.
You will also have to pay a fine.	**Сиз дагы айып төлөшүңүз керек.** siz dagı ajıp tøløʃyŋyz kerek.
Okay.	**Макул.** makul.
Where are you going?	**Сиз каякка баратасыз?** siz kajakka baratasız?
I'm going to ...	**... чейин барам.** ... tʃejin baram.

How much? I don't understand.	**Канча турат? Түшүнбөй жатам.** kantʃa turat? tyʃynbøj dʒatam.
Write it down, please.	**Жазып бериңизчи.** dʒazıp beriŋiztʃi.
Okay. Can I pay with a credit card?	**Макул. Мен карточка менен төлөсөм болобу?** makul. men kartotʃka menen tøløsøm bolobu?
Yes, you can.	**Ооба, болот.** ooba, bolot.

Here's your receipt.	**Мына сиздин эсеп дүмүрчөгү.** mına sizdin esep dymyrtʃøgy.
Sorry about the fine.	**Айып төлөгөнүңүз үчүн кечирим сурайм.** ajıp tøløgønyŋyz ytʃyn ketʃirim surajm.

That's okay. It was my fault.	**Эч нерсе эмес. Мен өзүм күнөөлүмүн.** etʃ nerse emes. men øzym kynøølymyn.
Enjoy your trip.	**Жолуңуз шыдыр болсун.** dʒoluŋuz ʃıdır bolsun.

Taxi

taxi	такси taksi
taxi driver	таксист taksist
to catch a taxi	такси кармоо taksi karmoo
taxi stand	Такси токтоочу жай taksi toktootʃu dʒaj
Where can I get a taxi?	Таксини каяктан кармасам болот? taksini kajaktan karmasam bolot?
to call a taxi	такси чакыруу taksi tʃakıruu
I need a taxi.	Мага такси керек болуп жатат. maga taksi kerek bolup dʒatat.
Right now.	Азыр, тез арада. azır, tez arada.
What is your address (location)?	Сиздин дарегиңиз? sizdin dareginiz?
My address is ...	Менин дарегим ... menin daregim ...
Your destination?	Сиз каякка барасыз? siz kajakka barasız?
Excuse me, ...	Кечиресиз, ... ketʃiresiz, ...
Are you available?	Сиз бошсузбу? siz boʃsuzbu?
How much is it to get to ...?	... чейин канча болот? ... tʃejin kantʃa bolot?
Do you know where it is?	Ал жак каякта экенин сиз билесизби? al dʒak kajakta ekenin siz bilesizbi?
Airport, please.	Аэропортко жеткирип койсоңуз. aeroportko dʒetkirip kojsoŋuz.
Stop here, please.	Бул жерден токтотуп койсоңуз. bul dʒerden toktotup kojsoŋuz.
It's not here.	Бул жерде эмес. bul dʒerde emes.
This is the wrong address.	Бул туура эмес дарек. bul tuura emes darek.

Turn left.	**Азыр солго.**
	azır solgo.
Turn right.	**Азыр оңго.**
	azır oŋgo.

How much do I owe you?	**Сизге канча төлөйм?**
	sizge kantʃa tøløjm?
I'd like a receipt, please.	**Мага чек берип коюңузчу.**
	maga tʃek berip kojuŋuztʃu.
Keep the change.	**Ашкан акчаны жөн эле коюңуз.**
	aʃkan aktʃanı dʒøn ele kodʒuŋuz.

Would you please wait for me?	**Мени күтүп туруңузчу.**
	meni kytyp turuŋuztʃu.
five minutes	**беш мүнөт**
	beʃ mynøt
ten minutes	**он мүнөт**
	on mynøt
fifteen minutes	**он беш мүнөт**
	on beʃ mynøt
twenty minutes	**жыйырма мүнөт**
	dʒijırma mynøt
half an hour	**жарым саат**
	dʒarım saat

Hotel

Hello.	**Саламатсызбы.** salamatsızbı.
My name is ...	**Менин атым ...** menin atım ...
I have a reservation.	**Мен бөлмөгө камдык буйрутма жасадым эле.** men bølmøgø kamdık bujrutma ʤasadım ele.

I need ...	**Мага ... керек эле.** maga ... kerek ele.
a single room	**бир орундуу бөлмө** bir orunduu bølmø
a double room	**эки орундуу бөлмө** eki orunduu bølmø
How much is that?	**Ал канча турат?** al kanʧa turat?
That's a bit expensive.	**Бул бир аз кымбатыраак болуп калат.** bul bir az kımbatıraak bolup kalat.

Do you have anything else?	**Силерде дагы башка бөлмөлөр барбы?** silerde dagı baʃka bølmølør barbı?
I'll take it.	**Мен ошону алам.** men oʃonu alam.
I'll pay in cash.	**Мен накталай төлөйм.** men naktalaj tøløjm.

I've got a problem.	**Менде көйгөй чыкты.** mende køygøj ʧıktı.
My ... is broken.	**Менин ... бузук экен.** menin ... buzuk eken.
My ... is out of order.	**Менин ... иштебей жатат.** menin ... iʃtebej ʤatat.
TV	**сыналгым** sınalgım
air conditioner	**аба салкындаткычым** aba salkındatkıʧım
tap	**краным** kranım

shower	**душум** duʃum
sink	**раковинам** rakovinam
safe	**сейфим** sejfim
door lock	**кулпум** kulpum
electrical outlet	**розеткам** rozetkam
hairdryer	**чач кургаткычым** tʃatʃ kurgatkıtʃım

I don't have …	**Менин … жок.** menin … dʒok.
water	**суу** suu
light	**жарык** dʒarık
electricity	**электр кубаты** elektr kubatı

Can you give me …?	**Мага … берип коесузбу?** maga … berip koesuzbu?
a towel	**сүлгү** sylgy
a blanket	**жууркан** dʒuurkan
slippers	**тапичке** tapitʃke
a robe	**халат** χalat
shampoo	**шампунь** ʃampunʲ
soap	**самын** samın

I'd like to change rooms.	**Мен бөлмөмдү алмаштырайын дедим эле.** men bølmømdy almaʃtırajın dedim ele.
I can't find my key.	**Мен ачкычымды таппай жатам.** men atʃkıtʃımdı tappaj dʒatam.
Could you open my room, please?	**Менин бөлмөмдү ачып берип коюңузчу.** menin bølmømdy atʃıp berip kojʉŋuztʃu.
Who's there?	**Ким бул?** kim bul?
Come in!	**Кире бериңиз!** kire beriŋiz!

Just a minute!	**Бир мүнөт!** bir mynøt!
Not right now, please.	**Кечиресиз, азыр эмес.** ketʃiresiz, azır emes.
Come to my room, please.	**Мага кирип койгулачы.** maga kirip kojgulatʃı.
I'd like to order food service.	**Мен тамакты бөлмөгө заказ кылайын дегем.** men tamaktı bølmøgø zakaz kılajın degem.
My room number is ...	**Менин бөлмөмдүн номери ...** menin bølmømdyn nomeri ...
I'm leaving ...	**Мен ... кеткени жатам.** men ... ketkeni dʒatam.
We're leaving ...	**Биз ... кеткени жатабыз.** biz ... ketkeni dʒatabız.
right now	**азыр** azır
this afternoon	**бүгүн түштөн кийин** bygyn tyʃtøn kijin
tonight	**бүгүн кечинде** bygyn ketʃinde
tomorrow	**эртең** erteŋ
tomorrow morning	**эртең эртең менен** erteŋ erteŋ menen
tomorrow evening	**эртең кечинде** erteŋ ketʃinde
the day after tomorrow	**бүрсүгүнү** byrsygyny
I'd like to pay.	**Мен эсептешип коеюн дегем.** men esepteʃip koejun degem.
Everything was wonderful.	**Баары жакшы болду.** baarı dʒakʃı boldu.
Where can I get a taxi?	**Таксини каяктан кармасам болот?** taksini kajaktan karmasam bolot?
Would you call a taxi for me, please?	**Мага такси чакырып коюнузчу.** maga taksi tʃakırıp kojuŋuztʃu.

Restaurant

Can I look at the menu, please?	Силердин менюңерди көрсөм болобу? silerdin menuŋerdi kørsøm bolobu?
Table for one.	Бир кишилик стол керек. bir kiʃilik stol kerek.
There are two (three, four) of us.	Биз экөөбүз (үчөөбүз, төртөөбүз). biz ekøøbyz (ytʃøøbyz, tørtøøbyz).
Smoking	Тамеки чеккендер үчүн tameki tʃekkender ytʃyn
No smoking	Чекпегендер үчүн tʃekpegender ytʃyn
Excuse me! (addressing a waiter)	Кичипейилдикке! kitʃipejildikke!
menu	меню menu
wine list	шараптардын картасы ʃaraptardın kartası
The menu, please.	Менюну берип коюңузчу. menunu berip kojuŋuztʃu.
Are you ready to order?	Буйрутма бергенге даярсызбы? bujrutma bergenge dajarsızbı?
What will you have?	Буйрутмаңыз эмне болот? bujrutmaŋız emne bolot?
I'll have ...	Мен ... алам men ... alam
I'm a vegetarian.	Мен эт жебейм. men et dʒebejm.
meat	эт et
fish	балык balık
vegetables	жемиштер dʒemiʃter
Do you have vegetarian dishes?	Силерде эт кошулбаган тамактары барбы? silerde et koʃulbagan tamaktarı barbı?
I don't eat pork.	Мен чочконун этин жебейм. men tʃotʃkonun etin dʒebejm.

Band-Aid	Ал эт жебейт. al et dʒebejt.
I am allergic to ...	Менин ... аллергиям бар. menin ... allergijam bar.

Would you please bring me ...	Мага ... алып келип бериңизчи. maga ... alıp kelip beriŋiztʃi.
salt | pepper | sugar	туз | калемпир | кумшекер tuz | kalempir | kumʃeker
coffee | tea | dessert	кофе | чай | десерт kofe | tʃaj | desert
water | sparkling | plain	суу | газы менен | газы жок suu | gazı menen | gazı dʒok
a spoon | fork | knife	кашык | вилка | бычак kaʃık | vilka | bıtʃak
a plate | napkin	табак | салфетка tabak | salfetka

Enjoy your meal!	Тамагыңыз таттуу болсун! tamagıŋız tattuu bolsun!
One more, please.	Дагы алып келип бериңизчи. dagı alıp kelip beriŋiztʃi.
It was very delicious.	Аябай даамдуу болуптур. ajabaj daamduu boluptur.

check | change | tip	эсеп | ашкан акча | чайга esep | aʃkan aktʃa | tʃajga
Check, please. (Could I have the check, please?)	Эсептеп коюңузчу. eseptep kojuŋuztʃu.
Can I pay by credit card?	Карточка менен төлөсөм болобу? kartotʃka menen tøløsøm bolobu?
I'm sorry, there's a mistake here.	Кечиресиз, бул жакта ката кетип калыптыр. ketʃiresiz, bul dʒakta kata ketip kalıptır.

Shopping

Can I help you?	**Сизге жардам берсем болобу?** sizge dʒardam bersem bolobu?
Do you have ...?	**Силерде ... барбы?** silerde ... barbı?
I'm looking for ...	**Мен ... издеп жаттым эле.** men ... izdep dʒattım ele.
I need ...	**Мага ... керек эле.** maga ... kerek ele.

I'm just looking.	**Мен жөн гана көрүп жатам.** men dʒøn gana køryp dʒatam.
We're just looking.	**Биз жөн гана көрүп жатабыз.** biz dʒøn gana køryp dʒatabız.
I'll come back later.	**Мен ананыраак келем.** men ananıraak kelem.
We'll come back later.	**Биз ананыраак келебиз.** biz ananıraak kelebiz.
discounts | sale	**арзандатуулар | сатып түгөтүү** arzandatuular | satıp tygøtyy

Would you please show me ...	**Мага ... көрсөтүп коюңузчу.** maga ... kørsøtyp kojuŋuztʃu.
Would you please give me ...	**Мага ... берип коюңузчу.** maga ... berip kojuŋuztʃu.
Can I try it on?	**Мен кийип көрсөм болобу?** men kijip kørsøm bolobu?
Excuse me, where's the fitting room?	**Каяктан кийип көрсөм болот?** kajaktan kijip kørsøm bolot?
Which color would you like?	**Кайсыл өңүн каалап жатасыз?** kajsıl øŋyn kaalap dʒatasız?
size | length	**өлчөм | бой** øltʃøm | boj
How does it fit?	**Чак келдиби?** tʃak keldibi?

How much is it?	**Бул канча турат?** bul kantʃa turat?
That's too expensive.	**Бул аябай кымбат.** bul ajabaj kımbat.
I'll take it.	**Мен муну сатып алам.** men munu satıp alam.
Excuse me, where do I pay?	**Кечиресиз, касса кайсы жакта?** ketʃiresiz, kassa kajsı dʒakta?

Will you pay in cash or credit card?	**Кандай төлөсүз? Накталайбы же карточка мененби?** kandaj tøløsyz? naktalajbı ʤe kartoʧka menenbi?
In cash | with credit card	**накталай | карточка менен** naktalaj | kartoʧka menen
Do you want the receipt?	**Сизге чек керекпи?** sizge ʧek kerekpi?
Yes, please.	**Ооба, берип коюңузчу.** ooba, berip kojʉŋuzʧu.
No, it's OK.	**Жок, кереги жок. Рахмат.** ʤok, keregi ʤok. raχmat.
Thank you. Have a nice day!	**Рахмат. Жакшы калгыла.** raχmat. ʤakʃı kalgıla.

In town

Excuse me, ...	**Кечиресиз, ...** ketʃiresiz, ...
I'm looking for ...	**Мен ... издеп жаттым эле.** men ... izdep dʒattım ele.
the subway	**метрону** metronu
my hotel	**токтогон мейманканамды** toktogon mejmankanamdı
the movie theater	**кинотеатрды** kinoteatrdı
a taxi stand	**такси токтоочу жайды** taksi toktootʃu dʒajdı

an ATM	**банкоматты** bankomattı
a foreign exchange office	**акча алмаштыруу жайын** aktʃa almaʃtıruu dʒajın
an internet café	**интернет-кафени** internet-kafeni
... street	**... деген көчөнү** ... degen køtʃøny
this place	**ушул орунду** uʃul orundu

Do you know where ... is?	**Сиз ... каякта экенин билесизби?** siz ... kajakta ekenin bilesizbi?
Which street is this?	**Бул көчөнүн аталышы кандай?** bul køtʃønyn atalıʃı kandaj?
Show me where we are right now.	**Биз азыр кайсы жерде турабыз, көрсөтүп бериңизчи.** biz azır kajsı dʒerde turabız, børsøtyp beriŋiztʃi.
Can I get there on foot?	**Мен ал жакка жөө жете аламбы?** men al dʒakka dʒøø dʒete alambı?
Do you have a map of the city?	**Сизде шаардын картасы барбы?** sizde ʃaardın kartası barbı?

How much is a ticket to get in?	**Кирүү билети канча турат?** kiryy bileti kantʃa turat?
Can I take pictures here?	**Бул жерде сүрөткө тартууга болобу?** bul dʒerde syrøtkø tartuuga bolobu?

Are you open?	**Силер иштейсинерби?** siler iʃtejsinerbi?
When do you open?	**Силер канчада ачыласынар?** siler kantʃada atʃılasınar?
When do you close?	**Силер канчага чейин иштейсинер?** siler kantʃaga tʃejin iʃtejsiner?

Money

money	**акча** aktʃa
cash	**накталай акча** naktalaj aktʃa
paper money	**кагаз акча** kagaz aktʃa
loose change	**майда акча** majda aktʃa
check | change | tip	**эсеп | ашкан акча | чайга** esep | aʃkan aktʃa | tʃajga
credit card	**кредит карточкасы** kredit kartotʃkasɪ
wallet	**капчык** kaptʃık
to buy	**сатып алуу** satıp aluu
to pay	**төлөө** tøløø
fine	**айып** ajıp
free	**бекер** beker
Where can I buy ...?	**... каяктан сатып алсам болот?** ... kajaktan satıp alsam bolot?
Is the bank open now?	**Банк азыр ачыкпы?** bank azır atʃıkpı?
When does it open?	**Ал канчада ачылат?** al kantʃada atʃılat?
When does it close?	**Ал канчага чейин иштейт?** al kantʃaga tʃejin iʃtejt?
How much?	**Канча турат?** kantʃa turat?
How much is this?	**Бул канча турат?** bul kantʃa turat?
That's too expensive.	**Бул аябай кымбат.** bul ajabaj kımbat.
Excuse me, where do I pay?	**Кечиресиз, касса кайсы жакта?** ketʃiresiz, kassa kajsı dʒakta?
Check, please.	**Эсептеп коюңузчу.** eseptep kojʉŋuztʃu.

Can I pay by credit card?	**Карточка менен төлөсөм болобу?**
	kartotʃka menen tøløsøm bolobu?
Is there an ATM here?	**Бул жерде банкомат барбы?**
	bul dʒerde bankomat barbı?
I'm looking for an ATM.	**Мага банкомат керек эле.**
	maga bankomat kerek ele.

I'm looking for a foreign exchange office.	**Мен акча алмаштыруу жайын издеп жаттым эле.**
	men aktʃa almaʃtıruu dʒajın izdep dʒattım ele.
I'd like to change ...	**Мен ... алмаштырайын дегем.**
	men ... almaʃtırajın degem.
What is the exchange rate?	**Алмаштыруунун курсу кандай?**
	almaʃtıruunun kursu kandaj?
Do you need my passport?	**Сизге менин паспортум керекпи?**
	sizge menin pasportum kerekpi?

Time

What time is it?	**Саат канча болду?** saat kantʃa boldu?
When?	**Качан?** katʃan?
At what time?	**Саат канчада?** saat kantʃada?
now | later | after ...	**азыр | ананыраак | кийинчерээк ...** azır | ananıraak | kijintʃereek ...
one o'clock	**күндүзү саат бирде** kyndyzy saat birde
one fifteen	**бирден он беш мүнөт өткөндө** birden on beʃ mynøt øtkøndø
one thirty	**бир жарымда** bir dʒarımda
one forty-five	**экиге он беш мүнөт калганда** ekige on beʃ mynøt kalganda
one | two | three	**бир | эки | үч** bir | eki | ytʃ
four | five | six	**төрт | беш | алты** tørt | beʃ | altı
seven | eight | nine	**жети | сегиз | тогуз** dʒeti | segiz | toguz
ten | eleven | twelve	**он | он бир | он эки** on | on bir | on eki
in ...	**... кийин** ... kijin
five minutes	**беш мүнөт** beʃ mynøt
ten minutes	**он мүнөт** on mynøt
fifteen minutes	**он беш мүнөт** on beʃ mynøt
twenty minutes	**жыйырма мүнөт** dʒıjırma mynøt
half an hour	**жарым саат** dʒarım saat
an hour	**бир сааттан** bir saattan

in the morning	эртең менен
	erteŋ menen
early in the morning	таң эрте
	taŋ erte
this morning	бүгүн эртең менен
	bygyn erteŋ menen
tomorrow morning	эртең эртең менен
	erteŋ erteŋ menen

in the middle of the day	түштө
	tyʃtø
in the afternoon	түштөн кийин
	tyʃtøn kijin
in the evening	кечинде
	ketʃinde
tonight	бүгүн кечинде
	bygyn ketʃinde

at night	түндө
	tyndø
yesterday	кечээ
	ketʃee
today	бүгүн
	bygyn
tomorrow	эртең
	erteŋ
the day after tomorrow	бүрсүгүнү
	byrsygyny

What day is it today?	Бүгүн кайсы күн?
	bygyn kajsı kyn?
It's ...	Бүгүн ...
	bygyn ...
Monday	дүйшөмбү
	dyjʃømby
Tuesday	шейшемби
	ʃejʃembi
Wednesday	шаршемби
	ʃarʃembi

Thursday	бейшемби
	bejʃembi
Friday	жума
	dʒuma
Saturday	ишенби
	iʃenbi
Sunday	жекшемби
	dʒekʃembi

Greetings. Introductions

Hello.	**Саламатсызбы.** salamatsızbı.
Pleased to meet you.	**Сиз менен таанышканыбызга кубанычтамын.** siz menen taanıʃkanıbızga kubanıtʃtamın.
Me too.	**Мен дагы.** men dagı.
I'd like you to meet ...	**Таанышып алгыла. Бул ...** taanıʃıp algıla. bul ...
Nice to meet you.	**Таанышканыбызга кубанычтамын.** taanıʃkanıbızga kubanıtʃtamın.

How are you?	**Кандайсыз? Иштериңиз кандай?** kandajsız? iʃteriŋiz kandaj?
My name is ...	**Менин атым ...** menin atım ...
His name is ...	**Анын аты ...** anın atı ...
Her name is ...	**Анын аты ...** anın atı ...
What's your name?	**Сиздин атыңыз ким?** sizdin atıŋız kim?
What's his name?	**Анын аты ким?** anın atı kim?
What's her name?	**Анын аты ким?** anın atı kim?

What's your last name?	**Сиздин фамилияңыз кандай?** sizdin familijaŋız kandaj?
You can call me ...	**Мени ... десениз болот.** meni ... deseniz bolot.
Where are you from?	**Каяктан болосуз?** kajaktan bolosuz?
I'm from ...	**Мен ...** men ...
What do you do for a living?	**Сиз ким болуп иштейсиз?** siz kim bolup iʃtejsiz?

Who is this?	**Бул ким?** bul kim?
Who is he?	**Ал ким?** al kim?

Who is she?	**Ал ким?** al kim?
Who are they?	**Алар кимдер?** alar kimder?

This is …	**Бул …** bul …
my friend (masc.)	**менин досум** menin dosum
my friend (fem.)	**менин курбум** menin kurbum
my husband	**менин күйөөм** menin kyjøøm
my wife	**менин аялым** menin ajalım

my father	**менин атам** menin atam
my mother	**менин апам** menin apam
my brother	**менин байкем** menin bajkem
my sister	**менин эжем** menin eʤem
my son	**менин уулум** menin uulum
my daughter	**менин кызым** menin kızım

This is our son.	**Бул биздин уулубуз.** bul bizdin uulubuz.
This is our daughter.	**Бул биздин кызыбыз.** bul bizdin kızıbız.
These are my children.	**Бул менин балдарым.** bul menin baldarım.
These are our children.	**Бул биздин балдарыбыз.** bul bizdin baldarıbız.

Farewells

Good bye!	**Көрүшкөнчө!** kørySkøntSø!
Bye! (inform.)	**Жакшы бар!** dʒakʃı bar!

See you tomorrow.	**Эртеңкиге чейин.** erteŋkige tʃejin.
See you soon.	**Көрүшкөнгө чейин.** køryʃkøngø tʃejin.
See you at seven.	**Жетилерде жолугалы.** dʒetilerde dʒolugalı.

Have fun!	**Жакшы көңүл ачкыла!** dʒakʃı køŋyl atʃkıla!
Talk to you later.	**Ананыраак сүйлөшөлү.** ananıraak syjløʃøly.
Have a nice weekend.	**Эс алуу күндөр жакшы өтсүн.** es aluu kyndør dʒakʃı øtsyn.
Good night.	**Түнүң бейпил болсун.** tynyŋ bejpil bolsun.

It's time for me to go.	**Мен кетишим керек.** men ketiʃim kerek.
I have to go.	**Мен кетишим керек.** men ketiʃim kerek.
I will be right back.	**Мен азыр келем.** men azır kelem.

It's late.	**Кеч болуп кетти.** ketʃ bolup ketti.
I have to get up early.	**Мен эртең эрте турушум керек.** men erteŋ erte turuʃum kerek.
I'm leaving tomorrow.	**Мен эртең кеткени жатам.** men erteŋ ketkeni dʒatam.
We're leaving tomorrow.	**Биз эртең кеткени жатабыз.** biz erteŋ ketkeni dʒatabız.
Have a nice trip!	**Жолуңар шыдыр болсун!** dʒoluŋar ʃıdır bolsun!
It was nice meeting you.	**Сиз менен таанышканыма кубанычтамын.** siz menen taanıʃkanıma kubanıtʃtamın.
It was nice talking to you.	**Сиз менен баарлашканыма кубанычтамын.** siz menen baarlaʃkanıma kubanıtʃtamın.
Thanks for everything.	**Баардыгына рахмат.** baardıgına raxmat.
I had a very good time.	**Мен убакытты сонун өткөрдүм.** men ubakıttı sonun øtkørdym.
We had a very good time.	**Биз убакытты сонун өткөрдүк.** biz ubakıttı sonun øtkørdyk.
It was really great.	**Баары ойдогудай болду.** baarı ojdogudaj boldu.
I'm going to miss you.	**Мен сагынам.** men sagınam.
We're going to miss you.	**Биз сагынабыз.** biz sagınabız.
Good luck!	**Ийгилик!** ijgilik!
Say hi to ...	**... салам айтып коюңуз.** ... salam ajtıp kojuŋuz.

Foreign language

I don't understand.	Мен түшүнбөй жатам. men tyʃynbøj dʒatam.
Write it down, please.	Жазып бериңизчи. dʒazıp beriŋiztʃi.
Do you speak ...?	Сиз ... сүйлөгөндү билесизби? siz ... syjløgøndy bilesizbi?

I speak a little bit of ...	Мен бир аз ... билем. men bir az ... bilem.
English	англисче anglistʃe
Turkish	түркчө tyrktʃø
Arabic	арабча arabtʃa
French	французча frantsuztʃa

German	немисче nemistʃe
Italian	италиялыкча italijalıktʃa
Spanish	испанча ispantʃa
Portuguese	португалча portugaltʃa
Chinese	кытайча kıtajtʃa
Japanese	япончо japontʃo

Can you repeat that, please.	Кайра кайталап коюңузчу. kajra kajtalap kojuŋuztʃu.
I understand.	Мен түшүнүп жатам. men tyʃynyp dʒatam.
I don't understand.	Мен түшүнбөй жатам. men tyʃynbøj dʒatam.
Please speak more slowly.	Жайыраак сүйлөңүзчү. dʒajıraak syjløŋyztʃy.

Is that correct? (Am I saying it right?)	Мындай туурабы? mındaj tuurabı?
What is this? (What does this mean?)	Бул эмне? bul emne?

Apologies

Excuse me, please.	**Кечиресиз.** ketʃiresiz.
I'm sorry.	**Мен өкүнүп жатам.** men økynyp dʒatam.
I'm really sorry.	**Кечиресиз.** ketʃiresiz.
Sorry, it's my fault.	**Күнөөмдү мойнума алам.** **Күнөө менден кетти.** kynøømdy mojnuma alam. kynøø menden ketti.
My mistake.	**Менин жаңылыштыгым.** menin dʒaŋılıʃtıgım.
May I ...?	**Мен ... ?** men ... ?
Do you mind if I ...?	**Сиз каршы болбойсузбу, эгер мен ...?** siz karʃı bolbojsuzbu, eger men ...?
It's OK.	**Эчтеке болбойт.** etʃteke bolbojt.
It's all right.	**Баары жайында.** baarı dʒajında.
Don't worry about it.	**Эч капачылык жок.** etʃ kapatʃılık dʒok.

Agreement

Yes.	**Ооба.** ooba.
Yes, sure.	**Ооба, албетте.** ooba, albette.
OK (Good!)	**Макул!** makul!
Very well.	**Абдан жакшы.** abdan dʒakʃı.
Certainly!	**Албетте!** albette!
I agree.	**Мен макулмун.** men makulmun.
That's correct.	**Чын.** tʃın.
That's right.	**Туура.** tuura.
You're right.	**Сиз туура айтасыз.** siz tuura ajtasız.
I don't mind.	**Мен каршы эмесмин.** men karʃı emesmin.
Absolutely right.	**Туптуура.** tuptuura.
It's possible.	**Балким.** balkim.
That's a good idea.	**Бул жакшы.** bul dʒakʃı.
I can't say no.	**Жок дей албайм.** dʒok dey albajm.
I'd be happy to.	**Кубанычтамын.** kubanıtʃtamın.
With pleasure.	**Чын көңүлүм менен.** tʃın køŋylym menen.

Refusal. Expressing doubt

No.	**Жок.** dʒok.
Certainly not.	**Албетте жок.** albette dʒok.
I don't agree.	**Мен макул эмесмин.** men makul emesmin.
I don't think so.	**Мен антип ойлобойм.** men antip ojlobojm.
It's not true.	**Ишенбейм.** iʃenbejm.

You are wrong.	**Сиз туура эмес сүйлөп жатасыз.** siz tuura emes syjløp dʒatasɯz.
I think you are wrong.	**Менин оюмча, сиз жаңылышып жатасыз.** menin odʒumtʃa, siz dʒaŋɯlɯʃɯp dʒatasɯz.
I'm not sure.	**Билбейм, так айталбайм.** bilbejm, tak ajtalbajm.
It's impossible.	**Мындай мүмкүн эмес.** mɯndaj mymkyn emes.
Nothing of the kind (sort)!	**Болбогон кеп!** bolbogon kep!

The exact opposite.	**Тескерисинче!** teskerisintʃe!
I'm against it.	**Мен каршымын.** men karʃɯmɯn.
I don't care.	**Мага баары бир.** maga baarɯ bir.
I have no idea.	**Билбейм.** bilbejm.
I doubt it.	**Ушундай экенине күмөнүм бар.** uʃundaj ekenine kymønym bar.

Sorry, I can't.	**Кечиресиз, бирок мен анте албайм.** ketʃiresiz, birok men ante albajm.
Sorry, I don't want to.	**Кечиресиз, мен каалаган жокмун.** ketʃiresiz, men kaalagan dʒokmun.
Thank you, but I don't need this.	**Рахмат, мунун мага кереги жок.** raxmat, munun maga keregi dʒok.
It's getting late.	**Кеч болуп кетти.** ketʃ bolup ketti.

I have to get up early.	**Мен эртең эрте турушум керек.** men erteŋ erte turuʃum kerek.
I don't feel well.	**Мен өзүмдү жаман сезип жатам.** men øzymdy dʒaman sezip dʒatam.

Expressing gratitude

Thank you.	Рахмат. raχmat.
Thank you very much.	Чоң рахмат. tʃoŋ raχmat.
I really appreciate it.	Чоң рахмат. tʃoŋ raχmat.
I'm really grateful to you.	Мен сизге ыраазымын. men sizge ıraazımın.
We are really grateful to you.	Биз сизге ыраазыбыз. biz sizge ıraazıbız.
Thank you for your time.	Убакыт бөлгөнүңүз үчүн рахмат. ubakıt bølgønyŋyz ytʃyn raχmat.
Thanks for everything.	Баардыгына рахмат. baardıgına raχmat.
Thank you for ...	... рахмат. ... raχmat.
your help	сиздин жардам бергениңиз үчүн sizdin dʒardam bergeniŋiz ytʃyn
a nice time	жакшы өткөргөн убакыт үчүн dʒakʃı øtkørgøn ubakıt ytʃyn
a wonderful meal	даамдуу тамак үчүн daamduu tamak ytʃyn
a pleasant evening	жагымдуу кече үчүн dʒagımduu ketʃe ytʃyn
a wonderful day	сонун күн үчүн sonun kyn ytʃyn
an amazing journey	кызыктуу саякат үчүн kızıktuu sajakat ytʃyn
Don't mention it.	Эчтеке эмес. etʃteke emes.
You are welcome.	Рахмат айтуунун кажети жок. raχmat ajtuunun kadʒeti dʒok.
Any time.	Ар дайым даярмын. ar dajım dajarmın.
My pleasure.	Жардам бергенге кубанычтамын. dʒardam bergenge kubanıtʃtamın.
Forget it.	Жөн коюңуз. Баары жайында dʒøn kodʒuŋuz. baarı dʒajında
Don't worry about it.	Эч капачылык жок. etʃ kapatʃılık dʒok.

Congratulations. Best wishes

Congratulations!	**Куттуктайм!** kuttuktajm!
Happy birthday!	**Туулган күнүң менен!** tuulgan kynyŋ menen!
Merry Christmas!	**Рождество көнүлдүү өтсүн!** rodʒdestvo køŋyldyy øtsyn!
Happy New Year!	**Жаңы жылыңыздар менен!** dʒaŋı dʒılıŋızdar menen!
Happy Easter!	**Пасха майрамыңар менен!** pasχa majramıŋar menen!
Happy Hanukkah!	**Ханука майрамыңыздар кут болсун!** χanuka majramıŋızdar kut bolsun!
Cheers!	**Сиздин ден-соолугуңуз үчүн!** sizdin den-sooluguŋuz ytʃyn!
Let's drink to …!	**… үчүн алып жиберели!** … ytʃyn alıp dʒibereli!
To our success!	**Биздин ийгилигибиз үчүн!** bizdin ijgiligibiz ytʃyn!
To your success!	**Сиздин ийгилигиңиз үчүн!** sizdin ijgiligiŋiz ytʃyn!
Good luck!	**Ийгилик!** ijgilik!
Have a nice day!	**Күнүңүз куунак өтсүн!** kynyŋyz kuunak øtsyn!
Have a good holiday!	**Дем алуу күндөрүңүз жакшы өтсүн!** dem aluu kyndøryŋyz dʒakʃı øtsyn!
Have a safe journey!	**Жолуңуз шыдыр болсун!** dʒoluŋuz ʃıdır bolsun!
I hope you get better soon!	**Эртерээк сакайып кетишиңизди каалайм.** ertereek sakayıp ketiʃiŋizdi kaalajm.

Socializing

Why are you sad?	**Эмнеге көңүлүңүз жок?** emnege køŋylyŋyz dʒok?
Smile! Cheer up!	**Күлүп коюңузчу!** kylyp kojuŋuztʃu!
Are you free tonight?	**Сиз бүгүн кечинде бошсузбу?** siz bygyn ketʃinde boʃsuzbu?
May I offer you a drink?	**Мен сизге ичимдик сунуш кылсам болобу?** men sizge itʃimdik sunuʃ kılsam bolobu?
Would you like to dance?	**Бийлегиңиз келген жокпу?** bijleginiz kelgen dʒokpu?
Let's go to the movies.	**Балким киного барып келбейлиби?** balkim kinogo barıp kelbejlibi?
May I invite you to …?	**Мен сизди … чакырсам болобу?** men sizdi … tʃakırsam bolobu?
a restaurant	**ресторанга** restoranga
the movies	**киного** kinogo
the theater	**театрга** teatrga
go for a walk	**сейилдөөгө** sejildøøgø
At what time?	**Саат канчада?** saat kantʃada?
tonight	**бүгүн кечинде** bygyn ketʃinde
at six	**саат алтыда** saat altıda
at seven	**саат жетиде** saat dʒetide
at eight	**саат сегизде** saat segizde
at nine	**саат тогузда** saat toguzda
Do you like it here?	**Сизге бул жер жактыбы?** sizge bul dʒer dʒaktıbı?
Are you here with someone?	**Сиз бул жерде бирөө мененсизби?** siz bul dʒerde birøø menensizbi?

I'm with my friend.	Мен досум /кызым/ мененмин. men dosum /kızım/ menenmin.
I'm with my friends.	Мен досторум мененмин. men dostorum menenmin.
No, I'm alone.	Мен жалгызмын. men dʒalgızmın.
Do you have a boyfriend?	Сенин сүйлөшкөн жигитиң барбы? senin syjløʃkøn dʒigitiŋ barbı?
I have a boyfriend.	Менин досум бар. menin dosum bar.
Do you have a girlfriend?	Сенин курбуң барбы? senin kurbuŋ barbı?
I have a girlfriend.	Менин сүйлөшкөн кызым бар. menin syjløʃkøn kızım bar.
Can I see you again?	Биз дагы жолугабызбы? biz dagı dʒolugabızbı?
Can I call you?	Мен сага чалсам болобу? men saga tʃalsam bolobu?
Call me. (Give me a call.)	Мага чалчы. maga tʃaltʃı.
What's your number?	Сенин телефон номериң кандай? senin telefon nomeriŋ kandaj?
I miss you.	Мен сени сагынып жатам. men seni sagınıp dʒatam.
You have a beautiful name.	Атыңыз кандай сонун. atıŋız kandaj sonun.
I love you.	Мен сени сүйөм. men seni syjøm.
Will you marry me?	Мага турмушка чыгасыңбы? maga turmuʃka tʃıgasıŋbı?
You're kidding!	Коюнузчу! kojʉŋuztʃu?
I'm just kidding.	Мен жөн эле тамашалап жатам. men dʒøn ele tamaʃalap dʒatam.
Are you serious?	Сиз чын эле айтып жатасызбы? siz tʃın ele ajtıp dʒatasızbı?
I'm serious.	Мен чын айтып жатам. men tʃın ajtıp dʒatam.
Really?!	Чын элеби?! tʃın elebi?!
It's unbelievable!	Мындай мүмкүн эмес. mındaj mymkyn emes.
I don't believe you.	Мен сизге ишенбейм. men sizge iʃenbejm.
I can't.	Мен анте албайм. men ante albajm.
I don't know.	Мен билбейм. men bilbejm.

I don't understand you.	**Сизди түшүнбөй турам.** sizdi tyʃynbøj turam.
Please go away.	**Кетиңизчи, суранам.** ketiŋiztʃi, suranam.
Leave me alone!	**Мени өз жайыма койгулачы.** meni øz dʒajıma kojgulatʃı.

I can't stand him.	**Мен аны көргүм келбейт.** men anı kørgym kelbejt.
You are disgusting!	**Сизди көрөйүн деген көзүм жок!** sizdi kørøjyn degen køzym dʒok!
I'll call the police!	**Мен милицияны чакырам!** men militsijanı tʃakıram!

Sharing impressions. Emotions

I like it.	**Мага бул жакты.** maga bul dʒaktı.
Very nice.	**Жакшынакай экен.** dʒakʃınakaj eken.
That's great!	**Сонун экен!** sonun eken!
It's not bad.	**Жаман эмес.** dʒaman emes.
I don't like it.	**Мага бул жаккан жок.** maga bul dʒakkan dʒok.
It's not good.	**Бул жакшы эмес.** bul dʒakʃı emes.
It's bad.	**Бул жаман.** bul dʒaman.
It's very bad.	**Бул аябай жаман.** bul ajabaj dʒaman.
It's disgusting.	**Көңүлдү иренжиткен нерсе экен.** køŋyldy irendʒitken nerse eken.
I'm happy.	**Бактылуумун.** baktıluumun.
I'm content.	**Ыраазымын.** iraazımın.
I'm in love.	**Сүйүп калдым.** syjyp kaldım.
I'm calm.	**Тынч элемин.** tıntʃ elemin.
I'm bored.	**Зеригип жатам.** zerigip dʒatam.
I'm tired.	**Мен чарчадым.** men tʃartʃadım.
I'm sad.	**Көңүлүм болбой жатат.** køŋylym bolboj dʒatat.
I'm frightened.	**Жүрөгүм түшүп жатат.** dʒyrøgym tyʃyp dʒatat.
I'm angry.	**Жиним келип жатат.** dʒinim kelip dʒatat.
I'm worried.	**Тынчым кетип жатат.** tıntʃım ketip dʒatat.
I'm nervous.	**Нервим кайнап турат.** nervim kajnap turat.

I'm jealous. (envious)	**Ичим күйүп жатат.** itʃim kyjyp dʒatat.
I'm surprised.	**Таң калыштуу.** taŋ kalıʃtuu.
I'm perplexed.	**Мен эмне дээримди билбей жатам.** men emne deerimdi bilbej dʒatam.

Problems. Accidents

I've got a problem.	**Менде көйгөй чыкты.** mende køygøj tʃıktı.
We've got a problem.	**Бизде көйгөй чыкты.** bizde køjgøj tʃıktı.
I'm lost.	**Мен адашып кеттим.** men adaʃıp kettim.
I missed the last bus (train).	**Мен акыркы автобуска жетишпей калдым.** men akırkı avtobuska dʒetiʃpej kaldım.
I don't have any money left.	**Менин таптакыр акчам жок калды.** menin taptakır aktʃam dʒok kaldı.
I've lost my ...	**Мен ... жоготуп алдым.** men ... dʒogotup aldım.
Someone stole my ...	**Мен ... уурдатып ийдим.** men ... uurdatıp ijdim.
passport	**паспортумду** pasportumdu
wallet	**капчыгымды** kaptʃıgımdı
papers	**документтеримди** dokumentterimdi
ticket	**билетимди** biletimdi
money	**акчамды** aktʃamdı
handbag	**сумкамды** sumkamdı
camera	**фотоаппаратымды** fotoapparatımdı
laptop	**ноутбугумду** noutbugumdu
tablet computer	**планшетимди** planʃetimdi
mobile phone	**телефонумду** telefonumdu
Help me!	**Жардамга!** dʒardamga!
What's happened?	**Эмне болду?** emne boldu?

fire	өрт ørt
shooting	атышуу atıʃuu
murder	өлтүрүү øltyryy
explosion	жарылуу dʒarıluu
fight	мушташ muʃtaʃ

Call the police!	Милицияны чакырып коюңузчу! militsijanı tʃakırıp kojuŋuztʃu!
Please hurry up!	Тезирээк, сураныч! tezireek, suranıtʃ!
I'm looking for the police station.	Мен милиция бөлүмүн издеп жаттым эле. men militsija bølymyn izdep dʒattım ele.
I need to make a call.	Мен чалышым керек. men tʃalıʃım kerek.
May I use your phone?	Телефон чалып алсам болобу? telefon tʃalıp alsam bolobu?

I've been ...	Мени ... meni ...
mugged	тоноп кетишти tonop ketiʃti
robbed	мен уурдатып ийдим. men uurdatıp ijdim.
raped	зордуктап кетишти zorduktap ketiʃti
attacked (beaten up)	сабап кетишти. sabap ketiʃti.

Are you all right?	Баары жайындабы? baarı dʒajındabı?
Did you see who it was?	Ким экенин сиз көрдүңүзбү? kim ekenin siz kørdyŋyzby?
Would you be able to recognize the person?	Сиз аны тааный аласызбы? siz anı taanıj alasızbı?
Are you sure?	Аны так айта аласызбы? anı tak ajta alasızbı?

Please calm down.	Суранам, тынчтансаңыз. suranam, tıntʃtansaŋız.
Take it easy!	Жайыраак! dʒajıraak!
Don't worry!	Кам санабаңыз. kam sanabaŋız.
Everything will be fine.	Баары жакшы болот. baarı dʒakʃı bolot.

Everything's all right.	**Баары жайында.** baarı dʒajında.
Come here, please.	**Бери келсеңиз.** beri kelseŋiz.
I have some questions for you.	**Мен сизге бир нече суроом бар.** men sizge bir netʃe suroom bar.
Wait a moment, please.	**Күтүп турсаңыз.** kytyp tursaŋız.
Do you have any I.D.?	**Сиздин документтериңиз барбы?** sizdin dokumentteriŋiz barbı?
Thanks. You can leave now.	**Рахмат. Сиз бара берсеңиз болот.** raχmat. siz bara berseŋiz bolot.
Hands behind your head!	**Колуңузду башыңызга алыңыз!** koluŋuzdu baʃıŋızga alıŋız!
You're under arrest!	**Сиз камакка алындыңыз!** siz kamakka alındıŋız!

Health problems

Please help me.	**Мага жардам берип коюңузчу.**
	maga dʒardam berip kodʒuŋuztʃu.
I don't feel well.	**Мен өзүмдү жаман сезип жатам.**
	men øzymdy dʒaman sezip dʒatam.
My husband doesn't feel well.	**Менин күйөөм өзүн жаман сезип жатат.**
	menin kyjøøm øzyn dʒaman sezip dʒatat.
My son ...	**Менин балам ...**
	menin balam ...
My father ...	**Менин атам ...**
	menin atam ...
My wife doesn't feel well.	**Менин аялым өзүн жаман сезип жатат.**
	menin ajalım øzyn dʒaman sezip jatat.
My daughter ...	**Менин кызым ...**
	menin kızım ...
My mother ...	**Менин апам ...**
	menin apam ...
I've got a ...	**Менин ... ооруп жатат.**
	menin ... oorup dʒatat.
headache	**башым**
	baʃım
sore throat	**тамагым**
	tamagım
stomach ache	**ичим**
	itʃim
toothache	**тишим**
	tiʃim
I feel dizzy.	**Менин башым айланып жатат.**
	menin baʃım ajlanıp dʒatat.
He has a fever.	**Анын дене табы көтөрүлүп жатат.**
	anın dene tabı køtørylyp dʒatat.
She has a fever.	**Анын дене табы көтөрүлүп жатат.**
	anın dene tabı køtørylyp dʒatat.
I can't breathe.	**Мен дем алалбай жатам.**
	men dem alalbaj dʒatam.
I'm short of breath.	**Мага дем жетпей жатат.**
	maga dem dʒetpej dʒatat.

I am asthmatic.	Менин астмам бар.
	menin astmam bar.
I am diabetic.	Менин диабетим бар.
	menin diabetim bar.
I can't sleep.	Менин уйкум качып жатат.
	menin ujkum katʃıp dʒatat.
food poisoning	тамак-ашка уулануу
	tamak-aʃka uulanuu
It hurts here.	Мобу жерим ооруп жатат.
	mobu dʒerim oorup dʒatat.
Help me!	Жардамга!
	dʒardamga!
I am here!	Мен бул жердемин!
	men bul dʒerdemin!
We are here!	Биз бул жердебиз!
	biz bul dʒerdebiz!
Get me out of here!	Мени чыгаргылачы!
	meni tʃıgargılatʃı!
I need a doctor.	Мага доктур керек эле.
	maga doktur kerek ele.
I can't move.	Мен кыймылдай албай жатам.
	men kıjmıldaj albaj dʒatam.
I can't move my legs.	Мен бутумду сезбей жатам.
	men butumdu sezbej dʒatam.
I have a wound.	Мен жарадармын.
	men dʒaradarmın.
Is it serious?	Абалым аябай эле начарбы?
	abalım ajabaj ele natʃarbı?
My documents are in my pocket.	Менин документтерим чөнтөгүмдө.
	menin dokumentterim tʃøntøgymdø.
Calm down!	Тынчтансаңыз!
	tıntʃtansaŋız!
May I use your phone?	Телефон чалып алсам болобу?
	telefon tʃalıp alsam bolobu?
Call an ambulance!	Тез жардамды чакырып коюңузчу!
	tez dʒardamdı tʃakırıp kojuŋuztʃu!
It's urgent!	Тезирээк!
	tezireek!
It's an emergency!	Тезирээк керек!
	tezireek kerek!
Please hurry up!	Тезирээк, сураныч!
	tezireek, suranıtʃ!
Would you please call a doctor?	Доктурду чакырып коюңузчу.
	dokturdu tʃakırıp kojuŋuztʃu.
Where is the hospital?	Айтып коюңузчу, оорукана каякта?
	ajtıp kojuŋuztʃu, oorukana kajakta?

How are you feeling?	**Сиз өзүңүздү кандай сезип жатасыз?** siz øzyŋyzdy kandaj sezip dʒatasız?
Are you all right?	**Баары жайындабы?** baarı dʒajındabı?
What's happened?	**Эмне болду?** emne boldu?
I feel better now.	**Мен өзүмдү жакшы сезип калдым.** men øzymdy dʒakʃı sezip kaldım.
It's OK.	**Баары жайында.** baarı dʒajında.
It's all right.	**Баары жакшы.** baarı dʒakʃı.

At the pharmacy

pharmacy (drugstore)	**дарыкана** darıkana
24-hour pharmacy	**күнү-түнү иштеген дарыкана** kyny-tyny iʃtegen darıkana
Where is the closest pharmacy?	**Жакын жерде дарыкана барбы?** dʒakın dʒerde darıkana barbi?
Is it open now?	**Азыр ал жак ачыкпы?** azır al dʒak atʃıkpı?
At what time does it open?	**Саат канчада ал жак ачылат?** saat kantʃada al dʒak atʃılat?
At what time does it close?	**Ал жак саат канчага чейин иштейт?** al dʒak saat kantʃaga tʃejin iʃtejt?
Is it far?	**Бул жерден алыспы?** bul dʒerden alıspı?
Can I get there on foot?	**Мен ал жакка жөө жете аламбы?** men al dʒakka dʒøø dʒete alambı?
Can you show me on the map?	**Ал жакты картадан көрсөтүп бериңизчи.** al dʒaktı kartadan kørsøtyp beriŋiztʃi.
Please give me something for ...	**Мага ... дарысын берип коёсузбу** maga ... darısın berip kojosuzbu
a headache	**баш оорунун** baʃ oorunun
a cough	**жөтөлдүн** dʒøtøldyn
a cold	**суук тийгендин** suuk tijgendin
the flu	**сасык тумоонун** sasık tumoonun
a fever	**дененин табын түшүрүүчү** denenin tabın tyʃyryytʃy
a stomach ache	**ич оорунун** itʃ oorunun
nausea	**жүрөк айлануунун** dʒyrøk ajlanuunun
diarrhea	**ич өткөндүн** itʃ øtkøndyn
constipation	**ич катуунун** itʃ katuunun

pain in the back	белимооруп жатат belim oorup dʒatat
chest pain	төшүм ооруп жатат tøʃym oorup dʒatat
side stitch	каптал жагым ооруп жатат kaptal dʒagım oorup dʒatat
abdominal pain	ичим ооруп жатат itʃim oorup dʒatat
pill	дары darı
ointment, cream	май maj
syrup	сироп sirop
spray	чачыратма tʃatʃıratma
drops	тамчылатма tamtʃılatma
You need to go to the hospital.	Сизге ооруканага баруу керек. sizge oorukanaga baruu kerek.
health insurance	камсыздандыруу күбөлүгү kamsızdandıruu kybølygy
prescription	рецепт retsept
insect repellant	курт-кумурскалардан сактоо каражаты kurt-kumurskalardan saktoo karadʒatı
Band Aid	лейкопластырь lejkoplastırʲ

The bare minimum

Excuse me, ... — Кечиресиз, ...
ketʃiresiz, ...

Hello. — Саламатсызбы.
salamatsızbı.

Thank you. — Рахмат.
raχmat.

Good bye. — Көрүшкөнчө.
køryʃkøntʃø.

Yes. — Ооба.
ooba.

No. — Жок.
dʒok.

I don't know. — Мен билбейм.
men bilbejm.

Where? | Where to? | When? — Каякта? | Каякка? | Качан?
kajakta? | kajakka? | katʃan?

I need ... — Мага ... керек эле.
maga ... kerek ele.

I want ... — Мен ... гым келет.
men ... gım kelet.

Do you have ...? — Силерде ... барбы?
silerde ... barbı?

Is there a ... here? — Бул жерде ... барбы?
bul dʒerde ... barbı?

May I ...? — Мага ... болобу?
maga ... bolobu?

..., please (polite request) — Сураныч
suranıtʃ

I'm looking for ... — Мен ... издеп жаттым эле.
men ... izdep dʒattım ele.

the restroom — даараткана
daaratkana

an ATM — банкомат
bankomat

a pharmacy (drugstore) — дарыкана
darıkana

a hospital — оорукана
oorukana

the police station — милиция бөлүмү
militsija bølymy

the subway — метро
metro

a taxi	такси taksi
the train station	вокзал vokzal

My name is ...	Менин атым ... menin atım ...
What's your name?	Сиздин атыңыз ким? sizdin atıŋız kim?
Could you please help me?	Мага жардам берип коюңузчу. maga dʒardam berip kodʒuŋuztʃu.
I've got a problem.	Менде көйгөй чыкты. mende køygøj tʃıktı.
I don't feel well.	Мен өзүмдү жаман сезип жатам. men øzymdy dʒaman sezip dʒatam.
Call an ambulance!	Тез жардамды чакырып коюңузчу! tez dʒardamdı tʃakırıp kodʒuŋuztʃu!
May I make a call?	Телефон чалып алсам болобу? telefon tʃalıp alsam bolobu?

I'm sorry.	Кечирип коюңуз ketʃirip kojuŋuz
You're welcome.	Эчтеке эмес etʃteke emes

I, me	мен men
you (inform.)	сен sen
he	ал al
she	ал al
they (masc.)	алар alar
they (fem.)	алар alar
we	биз biz
you (pl)	сиз siz
you (sg, form.)	Сиз siz

ENTRANCE	КИРҮҮ kiryy
EXIT	ЧЫГУУ tʃıguu
OUT OF ORDER	ИШТЕБЕЙТ iʃtebejt
CLOSED	ЖАБЫК dʒabık

OPEN	**АЧЫК**
	atʃık
FOR WOMEN	**АЙЫМДАР ҮЧҮН**
	ajımdar ytʃyn
FOR MEN	**ЭРКЕКТЕР ҮЧҮН**
	erkekter ytʃyn

MINI DICTIONARY

This section contains 250 useful words required for everyday communication. You will find the names of months and days of the week here. The dictionary also contains topics such as colors, measurements, family, and more

T&P Books Publishing

DICTIONARY CONTENTS

1. Time. Calendar	75
2. Numbers. Numerals	76
3. Humans. Family	77
4. Human body	78
5. Clothing. Personal accessories	79
6. House. Apartment	80

T&P Books Publishing

1. Time. Calendar

time	убакыт	ubakıt
hour	саат	saat
half an hour	жарым саат	dʒarım saat
minute	мүнөт	mynøt
second	секунда	sekunda
today (adv)	бүгүн	bygyn
tomorrow (adv)	эртең	erteŋ
yesterday (adv)	кечээ	ketʃee
Monday	дүйшөмбү	dyjʃømby
Tuesday	шейшемби	ʃejʃembi
Wednesday	шаршемби	ʃarʃembi
Thursday	бейшемби	bejʃembi
Friday	жума	dʒuma
Saturday	ишенби	iʃenbi
Sunday	жекшемби	dʒekʃembi
day	күн	kyn
working day	иш күнү	iʃ kyny
public holiday	майрам күнү	majram kyny
weekend	дем алыш күндөр	dem alıʃ kyndør
week	жума	dʒuma
last week (adv)	өткөн жумада	øtkøn dʒumada
next week (adv)	келаткан жумада	kelatkan dʒumada
in the morning	эртең менен	erteŋ menen
in the afternoon	түштөн кийин	tyʃtøn kijin
in the evening	кечинде	ketʃinde
tonight (this evening)	бүгүн кечинде	bygyn ketʃinde
at night	түндө	tyndø
midnight	жарым түн	dʒarım tyn
January	январь	janvarʲ
February	февраль	fevralʲ
March	март	mart
April	апрель	aprelʲ
May	май	maj
June	июнь	ijʉnʲ
July	июль	ijʉlʲ
August	август	avgust

September	сентябрь	sentʲabrʲ
October	октябрь	oktʲabrʲ
November	ноябрь	nojabrʲ
December	декабрь	dekabrʲ

in spring	жазында	dʒazında
in summer	жайында	dʒajında
in fall	күзүндө	kyzyndø
in winter	кышында	kıʃında

month	ай	aj
season (summer, etc.)	мезгил	mezgil
year	жыл	dʒıl

2. Numbers. Numerals

0 zero	нөл	nøl
1 one	бир	bir
2 two	эки	eki
3 three	үч	ytʃ
4 four	төрт	tørt

5 five	беш	beʃ
6 six	алты	altı
7 seven	жети	dʒeti
8 eight	сегиз	segiz
9 nine	тогуз	toguz
10 ten	он	on

11 eleven	он бир	on bir
12 twelve	он эки	on eki
13 thirteen	он үч	on ytʃ
14 fourteen	он төрт	on tørt
15 fifteen	он беш	on beʃ

16 sixteen	он алты	on altı
17 seventeen	он жети	on dʒeti
18 eighteen	он сегиз	on segiz
19 nineteen	он тогуз	on toguz

20 twenty	жыйырма	dʒıjırma
30 thirty	отуз	otuz
40 forty	кырк	kırk
50 fifty	элүү	elyy

60 sixty	алтымыш	altımıʃ
70 seventy	жетимиш	dʒetimiʃ
80 eighty	сексен	seksen
90 ninety	токсон	tokson
100 one hundred	бир жүз	bir dʒyz

200 two hundred	эки жүз	eki dʒyz
300 three hundred	үч жүз	ytʃ dʒyz
400 four hundred	төрт жүз	tørt dʒyz
500 five hundred	беш жүз	beʃ dʒyz
600 six hundred	алты жүз	altı dʒyz
700 seven hundred	жети жүз	dʒeti dʒyz
800 eight hundred	сегиз жүз	segiz dʒyz
900 nine hundred	тогуз жүз	toguz dʒyz
1000 one thousand	бир миң	bir miŋ
10000 ten thousand	он миң	on miŋ
one hundred thousand	жүз миң	dʒyz miŋ
million	миллион	million
billion	миллиард	milliard

3. Humans. Family

man (adult male)	эркек	erkek
young man	улан	ulan
woman	аял	ajal
girl (young woman)	кыз	kız
old man	абышка	abıʃka
old woman	кемпир	kempir
mother	эне	ene
father	ата	ata
son	уул	uul
daughter	кыз	kız
brother	бир тууган	bir tuugan
sister	бир тууган	bir tuugan
parents	ата-эне	ata-ene
child	бала	bala
children	балдар	baldar
stepmother	өгөй эне	øgøj ene
stepfather	өгөй ата	øgøj ata
grandmother	чоң апа	tʃoŋ apa
grandfather	чоң ата	tʃoŋ ata
grandson	небере бала	nebere bala
granddaughter	небере кыз	nebere kız
grandchildren	небերелер	nebereler
uncle	таяке	tajake
aunt	таяже	tajadʒe
nephew	ини	ini
niece	жээн	dʒeen
wife	аял	ajal

husband	эр	er
married (masc.)	аялы бар	ajalı bar
married (fem.)	күйөөдө	kyjøødø
widow	жесир	dʒesir
widower	жесир	dʒesir
name (first name)	аты	atı
surname (last name)	фамилиясы	familijası
relative	тууган	tuugan
friend (masc.)	дос	dos
friendship	достук	dostuk
partner	өнөктөш	ønøktøʃ
superior (n)	башчы	baʃtʃı
colleague	кесиптеш	kesipteʃ
neighbors	кошуналар	koʃunalar

4. Human body

body	дене	dene
heart	жүрөк	dʒyrøk
blood	кан	kan
brain	мээ	mee
bone	сөөк	søøk
spine (backbone)	кыр арка	kır arka
rib	кабырга	kabırga
lungs	өпкө	øpkø
skin	тери	teri
head	баш	baʃ
face	бет	bet
nose	мурун	murun
forehead	чеке	tʃeke
cheek	бет	bet
mouth	ооз	ooz
tongue	тил	til
tooth	тиш	tiʃ
lips	эриндер	erinder
chin	ээк	eek
ear	кулак	kulak
neck	моюн	mojun
eye	көз	køz
pupil	карек	karek
eyebrow	каш	kaʃ
eyelash	кирпик	kirpik
hair	чач	tʃatʃ

hairstyle	чач жасоо	tʃatʃ dʒasoo
mustache	мурут	murut
beard	сакал	sakal
to have (a beard, etc.)	мурут коюу	murut kojʉu
bald (adj)	таз	taz

hand	беш манжа	beʃ mandʒa
arm	кол	kol
finger	манжа	mandʒa
nail	тырмак	tırmak
palm	алакан	alakan

shoulder	ийин	ijin
leg	бут	but
knee	тизе	tize
heel	согончок	sogontʃok
back	арка жон	arka dʒon

5. Clothing. Personal accessories

clothes	кийим	kijim
coat (overcoat)	пальто	palʲto
fur coat	тон	ton
jacket (e.g., leather ~)	күрмө	kyrmø
raincoat (trenchcoat, etc.)	плащ	plaʃtʃ

shirt (button shirt)	көйнөк	køjnøk
pants	шым	ʃım
suit jacket	бешмант	beʃmant
suit	костюм	kostʉm

dress (frock)	көйнөк	køjnøk
skirt	юбка	jʉbka
T-shirt	футболка	futbolka
bathrobe	халат	χalat
pajamas	пижама	pidʒama
workwear	жумуш кийим	dʒumuʃ kijim

underwear	ич кийим	itʃ kijim
socks	байпак	bajpak
bra	бюстгальтер	bʉstgalʲter
pantyhose	колготки	kolgotki
stockings (thigh highs)	байпак	bajpak
bathing suit	купальник	kupalʲnik

hat	топу	topu
footwear	бут кийим	but kijim
boots (e.g., cowboy ~)	өтүк	øtyk
heel	така	taka
shoestring	боо	boo

shoe polish	өтүк май	øtyk maj
gloves	колкап	kolkap
mittens	мээлей	meelej
scarf (muffler)	моюн орогуч	mojʉn orogutʃ
glasses (eyeglasses)	көз айнек	køz ajnek
umbrella	чатырча	tʃatırtʃa
tie (necktie)	галстук	galstuk
handkerchief	бетаарчы	betaartʃı
comb	тарак	tarak
hairbrush	тарак	tarak
buckle	таралга	taralga
belt	кайыш кур	kajıʃ kur
purse	кичине колбаштык	kitʃine kolbaʃtık

6. House. Apartment

apartment	батир	batir
room	бөлмө	bølmø
bedroom	уктоочу бөлмө	uktootʃu bølmø
dining room	ашкана	aʃkana
living room	конок үйү	konok yjy
study (home office)	иш бөлмөсү	iʃ bølmøsy
entry room	кире бериш	kire beriʃ
bathroom (room with a bath or shower)	ванная	vannaja
half bath	дааратканa	daaratkana
vacuum cleaner	чаң соргуч	tʃaŋ sorgutʃ
mop	швабра	ʃvabra
dust cloth	чүпүрөк	tʃypyrøk
short broom	шыпыргы	ʃıpırgı
dustpan	калак	kalak
furniture	эмерек	emerek
table	стол	stol
chair	стул	stul
armchair	олпок отургуч	olpok oturgutʃ
mirror	күзгү	kyzgy
carpet	килем	kilem
fireplace	очок	otʃok
drapes	парда	parda
table lamp	стол чырагы	stol tʃıragı
chandelier	асма шам	asma ʃam
kitchen	ашкана	aʃkana
gas stove (range)	газ плитасы	gaz plitası

electric stove	электр плитасы	elektr plitası
microwave oven	микротолкун меши	mikrotolkun meʃi
refrigerator	муздаткыч	muzdatkıtʃ
freezer	тоңдургуч	toŋdurgutʃ
dishwasher	идиш жуучу машина	idiʃ dʒuutʃu maʃina
faucet	чорго	tʃorgo
meat grinder	эт туурагыч	et tuuragıtʃ
juicer	шире сыккыч	ʃire sıkkıtʃ
toaster	тостер	toster
mixer	миксер	mikser
coffee machine	кофе кайнаткыч	kofe kajnatkıtʃ
kettle	чайнек	tʃajnek
teapot	чайнек	tʃajnek
TV set	сыналгы	sınalgı
VCR (video recorder)	видеомагнитофон	videomagnitofon
iron (e.g., steam ~)	үтүк	ytyk
telephone	телефон	telefon

www.ingramcontent.com/pod-product-compliance
Lightning Source LLC
Chambersburg PA
CBHW061339040426
42444CB00011B/3002